AF423067

ensayos literarios
(poéticas sin-origen-ni-fin)

| matilde belén escobar negri

Colección | Mil mesetas

ea
ediciones

Independently
Essay

Escobar Negri, Matilde Belén

   ensayos literarios: poéticas sin-origen-ni-fin / Matilde Belén Escobar Negri; compilado por Matilde Belén Escobar Negri; editado por Matilde Belén Escobar Negri; Luis Cruz-Villalobos; fotografías de Juan Francisco Escobar. - 1a ed. revisada. - Mendoza: Matilde Belén Escobar Negri; ea|ediciones; Santiago de Chile: Independently, 2020.

   Libro digital, Amazon Kindle - (Mil mesetas / Ensayos ; 1)

   Archivo Digital: descarga
   ISBN 978-987-86-5145-3

   1. Ensayo Literario Argentino. 2. Crítica Literaria. 3. Literatura. I. Cruz-Villalobos, Luis, ed. II. Escobar, Juan Francisco, fot. III. Título.
   CDD A864

ÍNDICE

Presentación

En la introducción al libro *Mil mesetas. Capitalismo y esquizofrenia*, Giles Deleuze y Félix Guattari escriben y describen características del *rizoma*: una forma de la multiplicidad y lo múltiple, anti-jerárquica, anti-genealógica, multiforme, con líneas de fugas y con segmentación que pueden cortarse y re-conectarse con otros rizomas. Asociada a la creación de mapas, a la capacidad de desplegar topografías, de desterritorializar y reterritorializar creando valor, etc. En medio de ese recorrido argumental dicen lo siguiente respecto a la relación libro-mundo:

> [..] el libro no es una imagen del mundo, según una creencia muy arraigada. Hace rizoma con el mundo, hay una evolución aparalela del libro y del mundo, el libro asegura la desterritorialización del mundo, pero el mundo efectúa una reterritorialización del libro, que a su vez se desterritorializa en sí mismo en el mundo, (si puede y es capaz) (2004, p.16).

De ese modo, conectan mundo-creación-libro, o libro-creación-mundo, como más les guste. Esta noción de la relación creativa y creadora de la crítica literaria y de la escritura, en sí misma como proceso, es la que recuperan estos *ensayos* literarios (poéticas sin-origen-ni-fin) que, como se puede ver, se escriben con minúsculas porque precisamente responden a la idea de una escritura en proceso, en un *continuum*, sin-origen sin-fin, incluso desde el uso de la tipografía. Sí, eso, un proceso escritural o una escritura en pleno despliegue, sin la intención de concluir o cerrar. Una escritura abierta y entregada al devenir de su propia rizomaticidad en y con los textos a los que se conectó y a los que quedaría factible de conexión futura.

En lo concreto, esta es una compilación de ensayos y textos varios que fueron publicados en *Tinta China*, el suplemento cultural del *Diario El Chubut*, durante el 2011, y un texto que forma parte de mi investigación. Ahora, revisados y actualizados en consonancia con esta misma propuesta que deja la escritura abierta a nuevos devenires y modificaciones que, también, tienen que ver con la idea de re-pensar conceptos, tramas narrativas, argumentos, sedimentaciones del sentido...

Asimismo, con este espíritu rizomático, estos textos forman parte de la *colección mil mesetas*, inspirada en el proyecto político y estético que propusieron lxs autorxs del libro que lleva ese nombre y en la topografía de las mesetas del paisaje patagónico que acompañó esa escritura y que está muy presente en las literaturas y la textualidad de los mismos.

En definitiva, en la forma y en el contenido literario, este libro se pregunta sobre literaturas de los orígenes, la verdad y el mito, discurre en poéticas del viaje, del tránsito, por imaginarios del doble en la literatura latinoamericana, las espectralidades y la literatura fantástica y la subjetividad y una *poiesis* de lo neutro. Esos son algunos de los trazados de las narrativas evocadas y convocantes del territorio escritural al que se abre la invitación en este acto.

Mendoza, junio de 2020.

> *De una vez pensaron crear la humanidad*
> *y su subsistencia; crearon el árbol y el bejuco,*
> *la subsistencia de la vida y de la humanidad;*
> *esto fue en la oscuridad, en la noche...*
> *Pop Wuj.*

POP WUJ
¿El relato del origen de un pueblo?

En el texto *Pop Wuj* –versión traducida por Adrián Inés Chávez-, el libro sagrado de los mayas, se puede observar que existe una voz asumida en sentido colectivo que busca legitimar la historia del origen del pueblo Kì-Ché. Lo interesante de esta propuesta radica en que el texto parece habitar en el delicado límite que se encuentra entre el mito y el relato histórico. Veamos, entonces, cómo se construye en una suerte de voz como colectivo y ciertos aspectos de esa relación entre mito y verdad.

La voz como colectivo

Desde el comienzo del texto, la voz enunciativa está asumida desde el plural, desde el sentido de conjunto, de comunidad:

> Y aquí *escribimos*,
> aquí *fijamos* la antigua palabra; principio,

es decir, base de todo lo sucedido en el
pueblo Los Magueyes, pero de las grandes
gentes Kì-Chés. De manera que aquí nos
ponemos
a enseñarlo, a revelarlo, es decir,
a relatarlo, lo dejado e iluminado
por el Arquitecto, Formador,
Creado, Varón creado [...]
(Chávez, 1994, p. 31, el subrayado es mío).

En los verbos "escribimos", "fijamos" queda clara la voluntad de dejar registro de "su verdad", idea que se completa cuando dice "aquí/ escribimos ya con letra castellana, ya en/ cristianismo, en esta forma lo divulgaremos" (p. 31), donde queda evidenciado que se habla de la utilización de una lengua y una interpretación religiosa que no es la propia del pueblo pero que será la forma de la divulgación, que adoptará a partir de ese momento.

En la utilización del verbo "divulgar" es necesario hacer un especial hincapié puesto que expresa la necesidad de hacer conocer esa "verdad" presente en la obra. También, aclarar que el texto adquiere una especial dimensión cultural, por lo que considero que debe ser entendido bajo el concepto que propone Walter Mignolo, que propone que un texto es: "acto verbal conservado en la memoria colectiva y de alta significación en la organización de una cultura" (p. 57). Esta perspectiva es esencial para el análisis de esta obra porque aleja al texto de la lectura documental y le otorga una vitalidad latente de la palabra escrita como acción verbal. Simula un sujeto, en este caso una comunidad, hablando y esto produce un efecto de cercanía, verdad y actualidad.

Por otro lado, el texto introduce la propuesta de leer el origen de hombre como metáfora del inicio de una civilización, una posibilidad que se instala a través del relato mítico. Según Mircea Eliade hay elementos que están presentes en todos los mitos de origen:

> [...] el mito cuenta una historia sagrada; relata un acontecimiento que ha tenido lugar en el tiempo primordial, el tiempo fabuloso de los «comienzos» [...] cuenta cómo, gracias a las hazañas de los Seres Sobrenaturales, una realidad ha venido a la existencia, sea ésta la realidad total, el Cosmos, o solamente un fragmento: una isla, una especie vegetal, un comportamiento humano, una institución. Es, pues, siempre el relato de una «creación»: se narra cómo algo ha sido producido, ha comenzado a *ser*. El mito no habla de lo que ha sucedido *realmente*, de lo que se ha manifestado plenamente [...] Los mitos revelan, pues, la actividad creadora y desvelan la sacralidad (o simplemente la «sobre-naturalidad») de sus

obras. En suma, los mitos describen las diversas, y a veces dramáticas, irrupciones de lo sagrado (o de lo «sobrenatural») en el Mundo (1991, p. 7).

Estos elementos se encuentran en el relato del origen del pueblo Kì-Ché. La idea de los comienzos está dada por ese espacio inicial como un vacío, conjuntamente con la idea de atemporalidad y la presencia de seres anteriores a todo. Además estos seres, que adquieren la categoría de dioses, expresan la voluntad de crear un espacio, donde los animales y la humanidad se desarrollen:

> El Ocultador de Serpiente
> aquí en la oscuridad, de noche. Habló con el del Infinito,
> ocultador de Serpiente, se hablaron, pensaron y meditaron;
> se juntaron y se pusieron de acuerdo en pensamientos
> y palabras; se quisieron y se amaron bajo esta claridad. De una vez pensaron crear la humanidad
> y su subsistencia; crearon el árbol y el bejuco, la subsistencia de la vida y de la humanidad; esto fue en la oscuridad, en la noche [...] (p. 33).

Este propósito se presenta en el poema como una búsqueda y un proceso de construcción que incluye desde la materialidad hasta los principios racionales del hombre. Se puede decir que este relato se construye con herramientas de lo fantástico, debido a que se introducen a partir de la utilización de elementos inanimados. Por ejemplo, el barro y la madera, de algún modo, se convierten en los pasos e intentos frustrados por conseguir dicha meta; esa que finalmente se concreta mediante el uso del maíz como sustancia de origen.

Esta progresión puede ser leída como una metáfora de la conquista del hombre sobre los elementos y procesos del cultivo, actividad esencial de la cultura maya. Y este proceso cobra vital importancia cuando se descubre que la forma de ese hombre se concreta a través del maíz, siendo este el principal constituyente de la civilización maya. Por lo que es preciso señalar que mezclados en el relato mitológico se encuentran elementos que trascienden el relato ficcional para adquirir una significación particular.

Un ejemplo de esto es que la búsqueda de la constitución de ese hombre, que luego será la base del pueblo Kì-Ché, se da en dos aspectos: en el de la estructura corporal y en el de las habilidades y principios morales. Estos últimos se pueden entender como los ideales constitutivos del pueblo, los cuales logran su mayor expresión en el "hombre de maíz":

> Se reprodujeron como gentes; se hicieron gentes,
> hablaron, platicaron, miraron, oyeron, caminaron,
> tocaron; eran muy buenas gentes, de rostros
> escogidos, sus semejantes; tenían
> respiración [...] (p. 111)

Como resultado se enuncia que surgieron: "gentes sagradas Blom Ki Tze,/ Blom Akab, Maj U Kutaj, Ik Blom" (p. 112) que por esa "condición divina" fueron cegados y de este modo convertidos en humanos. A posteriori fueron creadas sus mujeres:

> Estos son los nombres de sus mujeres:
> Kajá Paluná, la mujer de Risa de León; Chomijá,
> La del León Madrugador; Casa de Gorrión, la mujer
> De Maj U Kutaj; y Kikishajá la de León de la Luna.
> Estos son los nombres de las señoras que aparecieron,
> fueron procreadoras de gente, pequeños nobles,
> grandes nobles. Eran pues nuestros
> primeros ancestros los Kí-chès [..] (p. 114).

Mito y verdad

Como se ha visto, en este relato convergen la estructura del mito, a través del cual se intenta dar una explicación del origen del hombre con un fundamento sagrado y, a su vez, está presente la idea de testimonio verdadero, generado por la utilización de los nombres de esos hombres y mujeres "primeros ancestros los Kì-Chés", como el inicio de la genealogía de los pueblos que luego serán detallados. Esta combinación de elementos proporciona al carácter ficcional del mito, la posibilidad de concretizarse como memoria de un pueblo, debido a que este relato se instala dentro de la cultura del mismo y se trasmitirá de generación en generación.

Esta doble y ambigua característica, propone en relación a los alcances de un texto y la cultura de un pueblo, la pregunta acerca de cuáles son los alcances de la poesía como visión de mundo. A la que una respuesta posible es lo que señala al respecto, Wilhelm Dilthey:

> La ciencia analiza y desenvuelve luego las relaciones generales dentro de las realidades homogéneas así aisladas; la religión, la poesía y la metafísica primigenia expresan el significado y sentido del todo.[...] Semejante interpretación del mundo que esclarece su ser multiforme mediante algo más simple

comienza ya en el lenguaje y se desarrolla en la metáfora, como representación de una intuición por otra que le es pareja [...] Todas las concepciones del mundo contienen, cuando tratan de ofrecer una solución completa del enigma de la vida, la misma estructura. Esta estructura consiste siempre en una conexión en la cual se decide acerca del significado y sentido del mundo sobre la base de una imagen de él [...] (1978, p. 115)

Con lo que no sólo se propone una relación horizontal entre los géneros literarios, sino que también a estos les confiere un estatuto de verdad semejante al de otros modos de abordaje interpretativo. Es por esto que en el poema *Pop Wuj* no conviene hacer prevalecer una estructura sobre la otra, puesto que todas las presentes se complementan y nos adentran en la complejidad de los matices de una cultura hablando.

Y lo interesante de esto es ver cómo estas estructuras se retroalimentan para enriquecer el sentido, no entorpecerlo o anularlo.

Referencias bibliográficas

Chávez, Adrián Inés (Adaptador). *Pop Wuj: Libro del tiempo. Poema mítico-histórico ki-ché*. Buenos Aire: Ediciones del Sol, 1994.

Dilthey, Wilhelm, *Teoría de la concepción del mundo*, México: Fondo de Cultura Económica, 1978.

Eliade, Mircea. *Mito y realidad*. Barcelona: Editorial Labor, 1991.

Mignolo, Walter. "Cartas, crónicas y relaciones del descubrimiento y la conquista", en Luis Íñigo Madrigal (Coord.),*Historia de la literatura hispanoamericana*. Madrid: Editorial Cátedra, 1992.

Un tranvía
que es un colegio
sobre ruedas.
Oliverio Girondo, *Pedestre.*

LENGUAJE DE VIAJERO
Oliverio Girondo, la ruta de su poesía

La literatura del viaje ha sido, a lo largo del tiempo, un tema muy inspirador para quienes escriben, y no es difícil entender los motivos, ya que el viaje es una forma del cambio, de la libertad, del aprendizaje y de la experiencia personal, por esto no pareciera extraño que alguien deseara relatar o realizar uno.

Esta temática se remonta hasta la *Odisea*, uno de los primeros relatos en los que se narran las aventuras del héroe Odiseo, en su periplo de regreso a su casa en Ítaca. Mucho tiempo después, la novela semi-autobiográfica típica de la generación beat, *On the road* de Jack Kerouac, celebra la experiencia sensorial directa y la liberación de las responsabilidades de todos los días.

Las vanguardias de la época tomaron el tema del viaje, no como una forma de huida o escape de la realidad, sino como una búsqueda de captar la vida moderna a la que los artistas intentaron incorporarse íntegramente y renovarla.

Dos de los trabajos más conocidos de Oliverio Girondo tienen como motivo principal el viaje: *Veinte poemas para ser leídos en el tranvía* (1922) y *Calcomanías* (1925). El primero es de por sí una invitación al viaje, ya que el mismo título supone que deben ser leídos en un tranvía, y el segundo parece referir a esas imágenes o "pequeñas impresiones" que solemos llevamos de cada uno de los lugares que hemos visitado.

Un viaje poético

En los textos mencionados es posible imaginar al poeta mirando por una ventana y contarnos la representación fugaz que forma el movimiento del tranvía, como un collage de formas, colores y sensaciones. Es la visión desde "El tren expreso", del libro *Calcomanías*, que representa esa sensación del viaje en la que lo monótono de lo cotidiano se interrumpe de manera constante por lo nuevo o lo particular. Viajamos al ritmo de la locomotora pasando de una estación a otra. El viaje comienza y así:

> Los vagones resbalan
> sobre los trastes de la vía,

para cantar en sus dos cuerdas
la reciedumbre del paisaje.

Campos de piedra,
donde las vides sacan
una mano amenazante
debajo de la tierra.

Jamelgos que llevan
una vida de asceta,
con objeto de entrar
en la plaza de toros.

Chanchos enloquecidos de flacura
que se creen una Salomé
porque tienen las nalgas muy rosadas.
(1999, p. 35)

Toda esta descripción, que se repite sucesivas veces, da la sensación de que la esteticidad se aleja con el primer paisaje, una campiña donde "la cresta de los piñones" está "vestidas de primera comunión" y "las casas de los aldeanos se arrodillan/ a los pies de la iglesia". En medio de la travesía:

A riesgo de que el viaje termine para siempre,
la locomotora... se detiene jadeante.

> A veces "suele" acontecer
> que precisamente allí
> se encuentra una estación
> [...y]
> ¡Campanas! ¡Silbidos! ¡Gritos!;
> y el maquinista, que se despide siete veces
> del jefe de la estación
> (p. 35-36).

La escena nos lo confirma. Nos estamos yendo, partimos a la siguiente estación. Y "De repente, / los vagones resbalan", estamos nuevamente en viaje. Ahora, las impresiones y la observación se vuelve hacía el adentro del tren:

> En los compartimentos de primera,
> las butacas nos atornillan sus elásticos
> y nos descorchan un riñón", mientras "las arañas
> realizan sus ejercicios de bombero
> alrededor de la lamparilla
> que se incendia en el techo.
> (p. 36).

Nuevamente, "A riesgo de que el viaje termine para siempre, / la locomotora... se detiene jadeante." (p. 37) y el poeta-viajero nos muestra el cuadro que ve:

> A través de la borra de las ventanillas,
> el crepúsculo espanta

los rebaños de sombras
que salen de debajo de las rocas
mientras nos vamos sepultando
en una luz de catacumba.
Va cayendo la noche.
(p. 37).

Mientras, el poeta agudiza su oído y oye:

el canto de las mujeres
que mondan las legumbres
 del puchero de pasado mañana
[...] el ronquido de los soldados
 que, sin saber por qué,
nos trae la seguridad
de que se han sacado los botines
(p. 37).

Y, además:

los números de la lotería,
que todos los pasajeros aprenden de memoria,
pues en los quioscos no han hallado
ninguna otra cosa para leer.
(p. 37).

Una imagen que aproxima, de modo íntimo, al conjunto de viajerxs que lo acompañan en su travesía.

Luego, otra vez, "¡Campanas! ¡Silbidos! ¡Gritos!..." y "De repente, / los vagones resbalan...", para volver al camino y que el poeta nos cante la reciedumbre del paisaje (p. 37-38).

Ruta de viaje

Estos textos proponen una especie de ruta de viaje para seguir, por ejemplo en *Veinte poemas para ser leídos en el tranvía* el itinerario del poeta, del viajero; recorre lugares muy distantes entre los años 1920 y 1922, trazando una vía imaginaria que dibuja un viaje circular entre Europa y el Río de la Plata. Inicia en Sevilla con "Croquis sevillano" (marzo de 1920), pasando por: "Paisaje Bretón", en Douarnenez, y Café-concierto, en Brest, julio y agosto de ese mismo año, respectivamente. Pasa por Argentina, donde escribe "Croquis en la arena", en Mar del Plata, "Exvoto", en Buenos Aires, ambos en octubre, "Plaza", en Buenos Aires, por el mes de diciembre y "Corso", en Mar del Plata, en febrero de 1921. Luego vuelve a Europa, donde se inspira para los textos: "Venecia", "Otro Nocturno" (París), "Chioggia" (Venecia), "Verona"; volviendo a Buenos Aires, donde surgen: "Milonga" y "Nocturno", para luego cerrar el recorrido con "Lago Mayor" en Pallanza, abril 1922.

En cambio, la ruta de viaje que propone *Calcomanías*, es principalmente española y llega a tocar el extremo septentrional de África. En ese recorrido los poemas señalan directamente la cartografía: "Toledo", "Sevilla", "Algeciras", "Tánger", "Andalucía", "Madrid", "Escorial", "Granada". Al analizarlo se ve que hay una ruptura de la realidad espacial y la linealidad temporal, para introducir una espacialidad y una temporalidad "otra", nueva y extraña. Realidad que se afirma al final del poema "El tren expreso" con las preguntas "¿España? ¿1870?... ¿1923?", que apuntan a crear una sensación de atemporalidad, por más que ese recorrido real-imaginario, aparentemente se haya realizado en el año 1923.

Estas lecturas permiten pensar que dichos poemas marcan un nuevo diseño de la ya conocida cartografía y no sólo que la cartografía marca a los poemas. En los textos, se (re)crea un mapa que re-inventa lo conocido y lo re-inscribe en la realidad. Asimismo, no sólo diseña un espacio otro, sino que va trazando el perfil de un hombre cosmopolita, que no ve diferencias entre culturas y civilizaciones, sino similitudes en todos lados, para igualar e igualarse y no aislarse del mundo.

Todo le pertenece y le es ajeno a la vez, produciendo textos cuyas imágenes generan sensaciones descono-cidas y motivantes. El poeta parece volverse un niño, que con su cara pegada contra el vidrio de la ventana del tren, relata vívidamente y emocionado todo cuanto ve y percibe del mundo que lo rodea.

Recuerdos de viaje

En los poemas la fuerza de las imágenes es central esos espacios. Tanto es así, que captan cierta esencia de los lugares visitados, llevando al lector a compenetrarse de tal modo en la lectura, que los logra trasportar a dichos escenarios. Entonces, es a través de esas "Calcomanías", esas "pequeñas impresiones" que mejor captan y describen la sensación de los lugares visitados en las que se concentran vívidas las características del paisaje.

Así, jugando con algunos versos de los poemas, se puede capturar, a modo de slogans turísticos, escenas y descripciones claves de los lugares: "El peñón enarca/ su espinazo de tigre/ que espera/ dar un zarpazo/ en el canal" (Gibraltar); "¡Calles que muerden los pies/ a cuantos no los tienen achatados/ por las travesías del desierto!" (Tánger); "¡Es tan real el paisaje que parece fingido!" (Siesta); "¡Corredores donde el silencio tonifica/ la robustez de las columnas!/ ¡Salas donde la austeridad es tan grande,/ que basta una sonrisa de mujer/ para que nos asedien los pecados de Bosch" (Escorial); "Decididamente,

/cada vez que salimos/ del Alhambra/ es como si volviéramos.../ de una cita de amor"(Alhambra).

Por lo que, siguiendo con la tónica del viaje, uno se puede figurar al poeta bajando de ese tranvía real-imaginario en cada una de las estaciones, cargando sus maletas llenas de "Calcomanías", e inclusive ver-leer los poemas de ambos libros como si fueran pequeñas fotografías, tomadas por el lenguaje, a las cuales se volverá una y otra vez para recordar ese tan anhelado viaje.

Referencias bibliográficas

Girondo, Oliverio. *Obra completa*. Edición crítica, Raúl
    Antelo coord. Santiago de Chile: ALLCA XX,
    1999.

*Todo lo que es profundo
ama el disfraz.
Todo espíritu profundo
tiene necesidad de una máscara.*
Friedrich Nietzsche, *Más allá del bien y del mal.*

IMAGINARIOS DEL DOBLE
Un recorrido por la literatura latinoamericana

Para comenzar es necesario señalar que la cuestión de la construcción identitaria es una problemática constitutiva en la "literatura latinoamericana" y en América Latina y el Caribe, se la puede encontrar asociada con posturas ideológicas, políticas, sociales y culturales. Es por esto que se hace necesaria la elaboración de un recorrido de lecturas que trabajen desde esta perspectiva la cuestión del doble, tema atravesado por las problemáticas de la identidad/diferencia.

En aquella encrucijada el proceso de construcción y asunción de la entidad "literatura latinoamericana" estuvo asociado a la búsqueda y constitución de la identidad latinoamericana, ese intento de construcción del "ser latinoamericano", si es que dicha propuesta de unidad pudiera ser posible.

Una de las grandes paradojas de la idea de unidad latinoamericana, es que la misma se haya dado a partir de la empresa que implicó la conquista y la colonialidad. Un nacimiento trunco, pues surge de un programa de cancelación de las cultura existentes, cuya consecuencia es la idea de unidad dada, por ejemplo, por la anulación de las miles de lenguas que fueron silenciadas con la imposición de la utilización del castellano como única lengua – excepto en Brasil-, propuesta llevada a cabo por Carlos III. Es así que el problema de la duplicidad ya está presente en la elección y convivencia de dos sistemas de representación, dos lenguajes, a través de los que se planteará aquella búsqueda de la identidad y marcará la propia constitución subjetiva entre signos de la dualidad. Por ejemplo, los primeros textos que se escriben en América son doctrinas evangelizadoras "bilingües de México (español/ náhuatl) y trilingües de Perú (español/quechua/ aymara)" (Campra, 1998, p. 15). Por lo que se puede observar que en la utilización de la lengua está presente una especie de máscara, cuyo mensaje presenta un contenido con cierta confrontación entre las culturas y las propuestas ideológicas que se intentaban transmitir. *Una tensión entre superficie/fondo, máscara/rostro.* Una característica propia de la relación entre estos dos extremos, que nunca quedan limitados y definidos.

Asimismo, Campra señala que en la búsqueda de una identidad la literatura latinoamericana se produce, en principio, como una conducta mimética, "la máscara, como el único rostro aceptable" (p. 18) y la anulación de la imaginación como elementos de control. Luego, la opción es "ser contra", una iniciativa que tiene un doble movimiento: el rechazo a la lengua y la cultura española, con una reivindicación de las culturas y las producciones literarias de los indígenas[1]. Ideas que tienen su apoteosis –criticable- en el confinamiento de la literatura latinoamericana al exotismo como verdadera renovación lingüística. Una literatura caracterizada por personajes con connotaciones de subalternidad o creada a partir de su contrapunto: la búsqueda de universalidad. Una producción literaria que adquiere cierta contemporaneidad a partir de la Revolución Cubana, cuando pareciera hacerse visible para el resto del mundo y así reconocerse a sí misma. Proceso que ya había comenzado con el modernismo y los movimientos de vanguardia.

---

1 En el texto *América Latina: La Identidad y la Máscara*, Rosalba Campra explica que con esta visión en mente: "San Martín quiere reimprimir *Comentarios reales* (1609) del Inca Garcilaso; en México, José Joaquín Pesado traduce las poesías de Nezahualcóyotl, rey de Texcoco" (pp. 19-20).

Esa actitud mimética a través de una máscara, el "ser contra", la tensión colonial, el reconocimiento a través del otro, son todas cuestiones atravesadas o íntimamente ligadas a la figura del doble y sus contingencias; por lo que, podríamos decir que la duplicidad es una presencia constitutiva del constructo "literatura latinoamericana". Entonces, si se considera que el motivo del doble es un fenómeno literario que tuvo sus más conocidos exponentes en la literatura europea y norteamericana –influenciada por los modelos europeos-, es necesario señalar que se hace necesaria la elaboración de un recorrido de lecturas que se elabore desde la producción literaria y la teórica en América Latina y el Caribe. Esto se vuelve necesario debido a que la temática del doble en esta literatura no ha sido trabajada o analizada de manera detallada y analítica para generar un estudio de los antecedentes; a diferencia de la cantidad de estudios que sí realizan lecturas en las que se puede rastrear dicha problemática en las tradiciones de la literatura europea o norteamericana. Es por esto, que este ensayo se propone como una búsqueda de un posible recorrido literario por ejemplos del doble en la literatura latinoamericana entre el período colonial y principios de siglo XX; sin la intención de generar un canon, sino más bien un conjunto de lecturas con una visión crítica al respecto y un acercamiento a la temática.

Al indagar entre los mitos que elaboran el tema del doble, el "mito de Narciso" es uno de los que Otto Rank señala como uno de los orígenes del motivo ([1914]1976, p. 114). Por su parte, Sor Juana Inés de la Cruz realiza una elaboración de este mito en el auto sacramental *El Divino Narciso*, que se publica y representa ante la *Corte Española* en el año 1689. Esta composición sobresale por su significado y su elaboración.

La obra inicia con el canto denominado *Loa al Divino Narciso* y en sí está atravesada por una interesante tensión entre la cultura grecolatina representada por la forma -el auto sacramental-, la elección temática - el mito de Narciso, básicamente-, y el lenguaje; y por otro lado, elabora un interesante planteo sobre la empresa de la conquista y la imposición de la religión cristiana, que se pone en escena a partir del diálogo que se da entre los personajes que representan a los indígenas: América y Occidente, y los que simbolizan a Europa: la Religión Católica y el Celo. Ya desde el comienzo de la obra se pone de manifiesto la dualidad, debido a que inicia con un canto denominado *tocotín*, que son construcciones denomi-nada, de manera ambigua—como una especie de asimilación cultural-, "villancicos nahuas"[2]. En los

---

2 Esta es una forma que habilitó a poetas como Sor Juana a "explorar... las posibilidades de la lengua náhuatl, con su

que, como explica Enrique Flores, se "ponían en juego aspectos étnicos, musicales, dancísticos, poéticos, gestuales y tonales del México del siglo XVII" (2007, p. 49). Por lo que ya la estructura se presenta no tan transparente; es decir, la "máscara formal" del texto es el auto sacramental, una estructura teatral alegórica que tiene como objeto la representación de episodios bíblicos o asuntos de la religión cristiana. Mientras de fondo se vislumbra algo más complejo porque, por ejemplo, se presenta o está configurada por formas literarias propias de la cultura náhuatl –el tocotín-, canto propio de una civilización que ha sido subyugada por la cultura que introdujo la lengua española y que, paradójicamente, se presenta como la "máscara" de la obra.

Quedó señalada la tensión dual desde lo formal, sin embargo ésta misma se está presente y se manifiesta en los contenidos y proposiciones de la obra. Al respecto, en su artículo "La loa de *El divino Narciso* de Sor Juana Inés de la Cruz y la doble recuperación de la cultura indígena mexicana", Carmela Zanelli dice que la loa representa en cierto punto la problemática del auto sacramental cuando sugiere que la cultura americana podría servir para la elaboración de un

---

estructura polisintética, flexible, que facilita la composición de bloques verbales compactos y la fusión de palabras en "masas sonoras" (Flores, 2007, p. 49).

argumento que alegorice el misterio eucarístico, pero que aun así no alcanza. No obstante, la autora señala que cuando Sor Juana decide incorporar la cultura indígena mesoamericana en la loa, construye y establece un paralelo con la otra antigüedad más conocida y aceptada como era la cultura grecolatina; y se extiende, diciendo:

> [...] el punto de contacto entre los ritos americanos y los cristianos se cristaliza a través del auto que recoge la alegorización de la fábula clásica de Eco y Narciso. Es el personaje de la Religión Católica quien establece este nivel de identificación entre las dos culturas paganas, al ofrecerles a América y Occidente el auto para que sepan «que también había / entre otros Gentiles, señas / de tan alta Maravilla» (V: 425-434). Sor Juana responde, de este modo, al problema teológico que supuso el «descubrimiento» de América, es decir, determinar el estatuto de estos pueblos paganos con respecto a la Ley de Gracia (Zanelli, 2005, p. 187).

En otras palabras, a través de la utilización de esta estrategia: enaltece e iguala a los antiguos pobladores de Anáhuac y pone un espacial énfasis en un punto central como lo fue la acusación de idolatría de estos pueblos. Aun así, cierta ambigüedad se da cuando "parece insistirse en la posibilidad de asimilar a las poblaciones indígenas al Cristianismo, tomando como base el parecido de sus ritos a los ritos cristianos (Checa 198-199)" (p. 188). Por lo que se visualiza una tensión entre la crítica del papel y la utilidad de la conquista; y, a su vez, ciertos elementos llevan a pensar que lo que Sor Juana ve en dichas similitudes son aptitudes de la cultura indígena, propensas a la asimilación de la religión cristiana. No obstante, Zanelli dice que la utilización de la loa responde a dos dimensiones: la primera que "corresponde a la recuperación de la dimensión teológica de la cultura indígena" y "[u]na segunda dimensión corresponde a la recuperación histórica de la cultura indígena -particularmente el proceso de conquista y la manera en la que se condujo la evangelización en el Nuevo Mundo- los cuales, creemos, son interpretados sin ambivalencias (p. 192).

En la obra, esto puede verse en los parlamentos de los personajes América y Occidente reaccionan frente a la imposición de culto, primero pacíficamente y luego por la fuerza, concluyendo en la tercera escena, en la que ante la rendición, los personajes siguen defendiendo sus creencias y su libre albedrio. Allí, el personaje femenino América -con quien Sor Juana parece identificarse- tiene una voz central en la resistencia a la imposición ideológica:

> Si el pedir que yo no muera,
> y el mostrarte compasiva,
> es porque esperas de mí
> que me vencerás, altiva,
> como antes con corporales,
> después con intelectivas
> armas, estás engañada;
> pues aunque lloro cautiva
> mi libertad, ¡mi albedrío
> con libertad más crecida
> adorará mis Deidades!
> (de la Cruz, 1955, vv. 226-236, p. 13).

Otra dimensión central en el análisis de esta loa es la referencia al lugar donde será representada: Madrid. Puesto que esta presentación ante el pueblo español y la Corte, podría buscar introducir la analogía para comprender e incorporar dentro de sus paradigmas culturales al mundo americano representado en la loa. Con lo que, como dice Zanelli, "lejos de tratarse de la difusión propagandística de la religión católica, Sor Juana habría buscado la difusión de las culturas indígenas americanas en el mundo europeo y particular-mente en el mundo español" (2005, p 195).

En este sentido, la propuesta de Sor Juana parece señalar la necesidad de los españoles-americanos de distinguirse de los peninsulares; por ello "este doble proceso de recuperación de la cultura indígena en la loa sorjuanina implica quizá la emergencia de formas de una conciencia criolla, que se filtra a través de una brillante manipulación del discurso y la retórica dominantes (p. 199). Cabe señalar, que aunque en esta declaración no haya sido capaz de descolonizarse de las formas que ceñían el pensamiento de la época, el avance de esta propuesta en las consideraciones acerca del estatuto y la historia del indio americano, pone un índice claramente destacable: señala el problema, aun cuando no pueda resolverlo, lo que no es poco.

En otro juego de dobles podríamos pensar que la imagen que Narciso pudo haber visto reflejada -según relata el mito-, en la estructura del auto sacramental podría estar representada por la imagen del dios del "culto pagano", "la celebración de la ceremonia del *Teocualo* («Dios es comido») en honor del dios Huitzilopochtli [dios de las semillas]" (p. 183). Con lo cual, en referencia a la otra parte del mito, el Eco que azuza a Narciso podría responder a la imagen del eco del canto y la música del tocotín, interpretado por los personajes América y Occidente. Ecos que, ciertamente, quedan condenados a "perderse" o a no tener entidad porque en el auto sacramental no tienen voz y solamente parecen pervivir en una idea de continuo reclamo por el reconocimiento.

Según se vio, el tema de la máscara es una especie de doble cara, doble identidad, un "otro" dentro del "sí mismo", ya sea por la asunción de la máscara como identidad o por la presencia de un rostro otro, debajo de ese disfraz. Este modo de la manifestación del doble está presente en el ensayo "Nuestra América"[3], de José Martí, cuando se refiere a las ideologías políticas y el pensamiento que seguía hasta el momento el continente americano. Allí expresa:

> Éramos una visión, con el pecho de atleta, las manos de petimetre y la frente de niño. Éramos una máscara, con los calzones de Inglaterra, el chaleco parisiense, el chaquetón de Norte América y la montera de España" (Martí, 2008, p. 59).

Poniendo un énfasis crítico sobre le extranjerización de las ideas y la búsqueda de la identidad en horizontes europeos o norteamericanos, dando a entender que no teníamos entidad, por eso la idea de

---

3 Conferencia leída el 30 de enero de 1891 en México, en El Partido Liberal.

"visión" como algo borroso, remarcado con la imagen de la máscara como un rostro ajeno, un rostro deformado que olvida que:

> [el] indio, mudo, nos daba vueltas alrededor, y se iba al monte, a la cumbre del monte, a bautizar sus hijos. El negro, oteado, cantaba en la noche la música de su corazón, solo y desconocido, entre las olas y las fieras. El campesino, el creador, se revolvía, ciego de indignación, contra la ciudad desdeñosa, contra su criatura" (p. 59).

Esta crítica señala que lo que esconde ese disfraz extranjerizante y, a la vez extrañado, es al hombre americano –indio, negro, campesino‑ que no ve en ese rostro transformado su rostro, su identidad, y por eso se aleja, al no reconocer o ver ese rasgo, elemento o mínimo indicio de unidad que lo identifique. Ese otro que se muestra como lo latinoamericano, es un otro que se le aleja tanto que no podemos identificarlos.

El pedido de Martí en este tipo de intervenciones radica en exhortar a quitarse esa máscara y señalar el rostro "real", ocultado e invisibilizado, una imagen que sea propia y no un antifaz o careta construida para el afuera. Un rostro de iguales o de diferentes, pero reconocible. Una perspectiva muy alejada del "yo soy otro" rimbaldiano; en cambio sí, una invitación a la búsqueda de ese "yo", en el que identificarse, para luego poder decir "soy otro" o "somos otros".

Por ese entonces, desde una perspectiva poética, Rubén Darío incursionaba en el tema del doble, a través de la temática de la transmigración de las almas, en el poema "Reencarnaciones" (1890), o bien desde la doctrina religiosa y filosófica de la metempsicosis en el poema homónimo (1893). En el primero, parece señalar el trayecto de una entidad, a través de escalones "ascendentes" de existencia, que se suceden paulatinamente hasta llegar a ser un desprendimiento de dios, un alma. Así, va pasando por un coral, una piedra, bosques y hiedra, luego manzana, flor, labio y alondra.

> Yo fui coral primero,
> después hermosa piedra,
> después fui de los bosques verde y colgante
> hiedra;
> después yo fui manzana,
> lirio de la campiña, labio de niña,
> una alondra cantando en la mañana;
> y ahora soy un alma
> que canta como canta una palma
> de luz de Dios al viento.
> (Darío, 2000, p. 25).

Por otro lado, en el poema "Metempsicosis" el "yo poético" se proyecta en el pasado junto a Cleopatra y cuenta desde la perspectiva de "un soldado" que desplazó de su lecho a Antonio, cómo la veía, hasta que, hacia el final del poema, asume el nombre que lo identifica en su terrible sino final:

> Yo fui un soldado que durmió en el lecho
> de Cleopatra la reina. Su blancura
> y su mirada astral y omnipotente.
> Eso fue todo.
>
> ¡Oh mirada! ¡Oh blancura! y ¡oh, aquel lecho
> en que estaba radiante la blancura!
> ¡Oh, la rosa marmórea omnipotente!
> Eso fue todo.
>
> Y crujió su espinazo por mi brazo;
> y yo, liberto, hice olvidar a Antonio.
> (¡Oh el lecho y la mirada y la blancura!)
> Eso fue todo.
>
> Yo, Rufo Galo, fui soldado y sangre
> tuve de Galia, y la imperial becerra
> me dio un minuto audaz de su capricho.
> Eso fue todo.
>
> ¿Por qué en aquel espasmo las tenazas
> de mis dedos de bronce no apretaron

el cuello de la blanca reina en broma?
Eso fue todo.

Yo fui llevado a Egipto. La cadena
tuve al pescuezo. Fui comido un día
por los perros. Mi nombre, Rufo Galo.
Eso fue todo.
(Darío, 1994, p. 43).

Dentro de la temática, en el género narrativo Darío escribe el cuento denominado "Thanatopia" (1893), algo así como el lugar de la muerte, en donde, -muy probablemente- bajo la influencia de la literatura de Edgar Allan Poe, hace hablar a la muerte como éste último lo había hecho en "El extraño caso del Señor Valdemar". En aquel cuento, Janes Leen, hijo del renombrado doctor John Leen y especialista en hipnosis, cuenta su dura infancia en el Colegio de Oxford, alejado de su poco demostrativo padre, tras la pérdida temprana de su querida madre.

Así narra, que en una noche escucha una voz que lo llama por su nombre, pero este únicamente le causa asombro. Luego, a los veinte años, le anuncian que lo visitará su padre, quien va a buscarlo con una actitud amable y conciliadora, diciéndole que quiere presentarle a su nueva madrastra. En esa escena de la presentación él cuenta:

Tendí la mano. El contacto de aquella mano me heló, me horrorizó. Sentí hielo en mis huesos. Aquella mano rígida, fría, fría... Y la mujer no me miraba (Darío, 1999, p. 10)

Luego, sigue el relato, diciendo:

[...] mi madrastra me miró. Mis mandíbulas se afianzaron una contra otra. Me poseyó el espanto: aquellos ojos no tenían brillo alguno. Una idea comenzó, enloquecedora, horrible, horrible, a aparecer clara en mi cerebro. De pronto, un olor, olor... ese olor, ¡madre mía! ¡Dios mío! Ese olor... no os lo quiero decir... porque ya lo sabéis, y os protesto: lo discuto aún; me eriza los cabellos (p. 11).

Hasta que finalmente, horrorizado por lo que sus ojos descubrían, exclama:

-No -grité más alto, ya en lucha con los viejos de la servidumbre-. Yo saldré de aquí y diré a todo el mundo que el doctor Leen es un cruel asesino; que su mujer es un vampiro; ¡que está casado mi padre con una muerta! (p. 11).

Una suerte de doble fantasmático, eso *Unheimlich* en el terreno de lo *Heimlich*, la irrupción de lo desconocido en el ámbito de lo conocido, como diría

Freud respecto al doble y la manifestación de lo siniestro en lo cotidiano (1919).

Otro ejemplo, se puede observar en el cuento "Mirtho" de César Vallejo. Allí, la posibilidad de la existencia de un doble se introduce a través de una extraña situación, pues durante todo el relato el protagonista es acusado de salir con otras mujeres y serle infiel a Mirtho, sin recibir reproches de parte de ella:

> [...] Muy más, si, como me lo echaban en cara, diz que yo solía presentarme por doquiera y sin escrúpulo alguno con la otra. Por todo esto, la ignorancia de parte de Mirtho roíame el corazón al otro lado de la acusación de los demás. En aquella ignorancia, podría asegurar, radicaba de misteriosa manera y por inextricable encadenamiento de motivos, la piedra de toque, y quizás hasta la razón de ser de la imputación que se me hacía (1967, p. 68).

A partir de la persistencia que cobra esta continua acusación, el protagonista por momentos se pregunta si podría ser cierto:

> [...] Varias veces, posteriormente, estando con ella, tuve, no sin fuertes sobresaltos y alarmas que terminaban es cierto en seguida, repentina

impresión de hallarme en efecto ante otra mujer que no era Mirtho. Hubo noche, por ejemplo, en que esta crisis de duda colmóse en álgida desesperación, por haber percibido un inusitado arrebol de serenidad en el desenvolvimiento de las ondas de un silencio suyo, arrebol completamente extraño a todas las pausas de su voz, y que chilló aquella noche en todo mi corazón. Pero, repito, esas alarmas cedían luego, pensando que ellas deberíanse sin duda a la sugestión obsesiva que podían ejercer los demás cerca de mí (p. 69).

Hasta que la intriga desaparece una mañana en la que se encuentran el protagonista y la supuesta Mirtho desayunando en la confitería Marrón. En ese momento, él intenta despejar una duda, quizás la duda sobre la identidad de esta mujer que ya se le estaba haciendo algo confusa por sus propias persecuciones mentales, y consulta:

– ¡Oye, Mirtho adorada!– repetía titubeante.
Interrumpióme violentamente y me clavó sus ojos de hembra en celo, arguyéndome:
– ¿Qué dices? ¿Mirtho? ¿Estás loco? ¿Con cara de quién me ves?
Y luego, sin dejarme aducir palabra:

– ¿Qué Mirtho es esa? ¡Ah! Con que me eres infiel y amas a otra. Amas a otra mujer que se llama Mirtho.
¡Qué tal! ¡Así pagas mi amor! Y sollozó inconsolable (p. 70).

Dando a entender así, que el protagonista daba por sentado que la mujer con la que él estaba, siempre había sido Mirtho. Es más, dice: "cuando solía hallarse conmigo, nunca estuvimos sino los dos únicamente" (p. 70). Este acontecimiento que adquiere una interesante lectura, procurada el narrador del cuento cuando, hacia el final del mismo, dice:

[...] Calló el adolescente relator. Y, al difuso fulgor de la pantalla, parecióme ver animarse a ambos lados del agitado mozo, dos idénticas formas fugitivas, elevarse suavemente por sobre la cabeza del amante, y luego confundirse en el alto ventanal, y alejarse y deshacerse entre un rehílo telescópico de pestañas (p. 70).

Esas dos imágenes a las que hace referencia, podrían ser esas oscilaciones de identidad propia, que lo hacían vacilar entre estar en presencia del ser amado Mirtho o estar ante alguien que desconocía. De hecho, alguna de esas dos formas fugitivas que se delinean a los lados del muchacho, podrían ser aquella que reconoce a Mirtho, mientras que la otra no. La intriga se disipa en cuanto se pronuncia el nombre. El nombre como aquel elemento de identificación por el cual se determina una subjetividad y una historia o cierto contexto. Pero, a su vez, el nombre abre la pregunta sobre identidad de Mirtho. ¿Es acaso una doble de Mirtho o quizá está desdoblada en su personalidad y no se reconoce en ese contexto enunciativo o con ese nombre? ¿Quién es el doble en la escena?

Referencias bibliográficas

Campra, Rosalba. *América Latina: La identidad y la máscara*. México: Siglo XXI, 1998.

Darío, Rubén. *Cuarenta y cinco poemas*. Caracas: Biblioteca Ayacucho, 1994.

Darío, Rubén. *Rubén Darío para niños*. Volumen 31 de Alba y mayo: Poesía. Madrid: Ediciones de la Torre, 2000.

de la Cruz, Sor Juana Inés. *Obras completas de Sor Juana Inés de la Cruz*, III. México: Fondo de Cultura Económica, 1955.

Flores, Enrique. "Sor Juana y los indios: loas y tocotines". *Literatura Mexicana*. Vol. XVIII, Nº 2, pp. 39-77, 2007.

Freud, Sigmund. "Lo siniestro", *Obra Completas*. Vol. XVII, 1919.

Martí, José. "Nuestra América". Nuestra América. Barcelona: Linkgua ediciones, 2008.

Rank, Otto. *El doble*. Bueno Aires: Orión, [1914]1976.

Vallejo, César. *Novelas y cuentos completos*. Lima: Francisco Moncloa Editores S.A. y George de Vallejo, 1967.

Zanelli, Carmela. "La loa de El divino Narciso de Sor Juana Inés de la Cruz y la Doble Recuperación de la Cultura Indígena Mexicana". Alicante: Biblioteca Virtual Miguel de Cervantes, 2005.

...yo soy un bwgan que quedo abandonado cuando a
otros se les murió la ilusión.
Soy un fantasma que no quiere seguir
siendo un fantasma
Roy Centeno Humphreys, *La Sobrina*

LA SOBRINA
Un relato fantástico en la Patagonia

La Sobrina[4] (2000), de Roy Centeno Humphreys, es un texto que recurre a la tradición de las y los escritores memorialistas, para reescribirla desde las características propias de la narrativa ficcional. La obra se construye desde una poética de la sensibilidad y la sencillez, pero no por esto de menor calidad. Un ejercicio que se ve reflejado en el

---

4 El trazado de *La sobrina* narra la historia de una joven que vivía en Gales y, enviada por los padres, viaja a la Patagonia en busca de una posibilidad mejor. La familia que la hospedaba decide volver a Gales pero a ella no la pueden llevar, así que se queda sola y se las tiene que ingeniar para adaptarse a las circunstancias y, a su vez, volver a su Gales natal cuanto antes. Entre tanto, ocurren eventos que le cambian la vida y, finalmente, se queda en la Patagonia, en donde vive toda una aventura.

tratamiento y la elaboración de una visión del "otro" muy interesante, que propone una reflexión muy profunda sobre las relaciones con la alteridad.

Sobre la obra y su inserción en el campo literario

En el texto se encuentran numerosas referencias a acontecimientos históricos como: "28 de julio, el mismo día en que 21 años antes había llegado la goleta Mimosa con su primer grupo de galeses soñadores" (Centeno Humphreys, 2000, p 37), "en el 1865, cuando llegaron los primeros galeses en la goleta Mimosa, se produjo una inundación" (p. 111) o hechos históricos relevantes como la construcción del ferrocarril, acontecimiento que se señala como el motivo del viaje hacia la zona. También, se mencionan lugares como Puerto Madryn, Rawson, Trelew, Gaiman, Buenos Aires, o elementos geográficos como el valle del Río Chubut o Barda Sur.

La utilización de este tipo de elementos referenciales era una práctica muy habitual de la escritura propia de la tradición de los memorialistas y los cronistas. Esta literatura se produjo en el marco epocal de la construcción de la imagen del estado dentro del territorio patagónico; por lo que estos textos con esas características, contribuyeron a la configuración de la historia y la identificación de sus habitantes, con todas las connotaciones políticas –positivas y negativas– que esto acarreó.

En cambio, la aparición de esos datos, en la escritura del texto *La Sobrina*, se pueden considerar como "anclajes de la realidad", que fomentan la construcción de un verosímil, en el que información como fechas, acontecimientos, lugares, entre otros, es central y aporta a dichos fines. Una especie de "efecto de lo real", no una conexión referencial entre objeto y realidad, sino una construcción que hace lo contrario. Es por esto que se puede decir que el escritor recurre a esos elementos para crear un texto ficcional, en el que prevalecen los elementos poéticos y no el dato comprobatorio.

Lo fantástico

En la obra se puede observar una creación estética similar a la narrativa de Juan Rulfo. Esa en que las voces oscilan entre el mundo de los vivos y el mundo de los muertos, como en *Pedro Páramo*.

En el texto *La Sobrina* hay algo fantasmal de sus personajes. Esto abre la posibilidad de una topografía completamente alterna a la que sí se da en la realidad. Patagonia ya no es la que conocemos, sino un lugar "extraño", un adjetivo que se repite en diferentes y numerosas circunstancias a lo largo del texto. Esta caracterización, puede hacer alusión a un doble aspecto: por un lado, a pobladores que no son del lugar, o sea son "extranjeros" y por otro, el hecho de que lo extraño causa sorpresa, convirtiéndose en algo que se aparta de lo conocido y activando el proceso de quiebre del automatismo de la percepción de "lo real". Tomados estos dos aspectos y combinándolos, se puede pensar a esta colonia como un pueblo utópico o una realidad alterna y simultánea.

Uno de los indicios está al comienzo del relato, cuando se narra la vida de la familia en Gales. Es apenas una mención, que a modo comparativo parece irrelevante, pero no lo es, porque señala que la presencia de lo fantasmagórico es algo presente en la estructura del relato. Dice: "Sarah tenía que moverse por la casa como un fantasma" (p. 10)

Avanzado en la historia, Wynneth se queda sola y su vida se reduce a vagar entre Trelew y Madryn, esperando que un barco la lleve de vuelta a Gales con su familia. En uno de esos viajes, algo insólito le sucede y ella lo asocia rápidamente con la aparición de un fantasma. Ante el susto, primero relaciona el ruido que oyó a la presencia de un puma, pero luego abandona esa idea, porque sabe que su caballo le teme a los pumas y que si así fuese, él no estaría tan tranquilo. En ese momento en el camino, se oye un galope y ella hace señas para que la vean. Era John Perkins quien aparecía, y curiosamente le dice: "¿Qué te ha pasado...? Parece como si hubieras visto un bwgan" (p. 82). Posteriormente, en una charla, ella le consulta la razón por la que quiere volver con su familia, y al referir cómo se siente, dice: "yo soy un bwgan que quedo abandonado cuando a otros se les murió la ilusión. Soy un fantasma que no quiere seguir siendo un fantasma" (p. 85).

La aparición de John Perkins la hace reflexionar sobre el amor y la duda entre irse o quedarse. Él la acompañó varios viajes a Madryn, en busca de una vacante en un barco que la llevara de vuelta a Gales, hasta que un día ella decidió que no quería retornar. En esa escena, ambos ponen como excusa para no realizar el viaje: el miedo a encontrarse con un bwgan en el camino. Ese mismo día, en una situación muy emotiva, John y Wynneth ponen fecha para su casamiento. En eso, Wynneth resuelve escribirle una carta a la madre, en la que le refiere su encuentro y cómo había cambiado su vida: "creo que voy a tardar mucho en volver a Gales. Un día en el camino entre Trelew y Madryn, cuando temí haberme encontrado con un bwgan, me encontré con John Perkins [...] Esto no se parece a Gales, pero tampoco me importa. Un día se me cruzó un bwgan en mi camino y me cambió la vida. Mi bwgan se llama John Perkins. Y me voy a casar con él" (pp. 99-100).

Todo esto hace suponer que los personajes son construidos como *bwgans*, fantasmas de la cultura galesa[5]. O sea que, además de construir un universo paralelo, lo hace desde la tradición literaria del relato fantástico de las leyendas folklóricas celtas. Y en este sentido, la presencia de lo fantasmagórico se instala como una posibilidad concreta de la lectura de esta obra.

Esta idea está presente desde el comienzo del texto, ya que el título admite dentro de los juegos formales del lenguaje y aliteraciones, la formación del adjetivo: *sombría*. Así, quedaría "La sombría", como algo indefinido o alguien con una identidad "oscurecida" y algo difusa, características atribuibles al personaje y muy presentes en la obra.

La alteridad en el relato

En esta historia, la relación que se vislumbra entre los galeses y los tehuelches se presenta como muy cercana y hasta de iguales. Esto es evidente en los interesantes cruces culturales que se expresan en el relato. Por ejemplo, es una mujer tehuelche la que asiste a Wynneth cuando nace su primera hija. La

---

5 En los relatos y escritos del folklore galés los fantasmas son llamados *bwgan*.

recibe y le brinda los primeros cuidados, colocándola en algo que llama "la tablita", que según explica Arminda –la Tehue-, era algo muy práctico, donde la beba estaría más cómoda; y curiosamente Wynneth observa, que envuelta de ese modo la beba no parecía galesa. Esa técnica para cargar a los bebés también la va a usar cuando nazca su otro hijo Rhydderch, parto al que también la asistió Arminda. Una tradición que se repetirá del mismo modo en las siguientes generaciones: "Cuando nació Bill Pata Larga, el hijo de Wendolyn, la Tehue cumplió con la misma ceremonia" y luego "anunció...Los que quieran un té galés" (p. 149).

En otra ocasión, cuando ocurre una inundación, fueron los tehuelches los que se llevaron a los hijos Wynneth y John a su tienda, mientras ellos cuidaban que la casa no sufriera por el agua. Y hacia el final del relato, Wynneth que se ha quedado sola nuevamente, se traslada hasta el toldo de los tehuelches para sentirse acompañada.

Estos relatos sugieren cierta hermandad y dan la noción de construcción de una cultura mixturada, en la que una atraviesa a la otra y así se complementan. Una postura que crea una visión de la cultura tehuelche y la galesa muy diferente a la que las crónicas han reflejado. En esos textos, el discurso de la construcción de la "imagen del otro"-en este caso de los tehuelches- había sido tratado con mucha distancia; por lo general, por la negativa: ellos son, lo que no somos "nosotros". Una postura excluyente que había creado una figura destructiva y sesgada. En cambio, la visión "literario-política" que nos ofrece Roy en su obra, es mucho más interesante y positiva al respecto, puesto que se opone a aquella idea imperante, que construyó durante mucho tiempo imaginarios perniciosos respecto a lo que sucedía en la Patagonia.

Referencia bibliográfica

Centeno Humphreys, Roy. *La sobrina*. Argentina: El
    Autor, 2000.

-recuerdo otra vez que voy a la ombra-
...en esta zona fría donde la tierra es vidrio negro;
yo soy la mujer neutra
Ariel Williams, *LOMASOMBRA*.

LOMASOMBRA
Poética de lo neutro

La literatura es el ámbito de las heterotopías, dice Michell Foucault. Quizás, a partir de *La República* creada por Platón, una sociedad en la que los poetas tenían prohibido el acceso, es que en el exilio los escritores hayan encontrado la manera de crearse nuevos mundos, más libres, más coloridos, con habitantes menos parecidos a los hombres y las mujeres actuales o, tal vez, demasiado similares.

La posibilidad de pensar y crear comunidades, geografías y realidades alejadas de "lo real", tomó forma en textos como *Utopía* (1516) de Tomás Moro, una idílica isla alejada de la sociedad medieval; las resignificadas como la fantasmagórica y habitada por varias voces del pasado Comala de la obra *Pedro Páramo* (1955), de Juan Rulfo, o la Macondo de lo real-maravilloso, en la novela *Cien años de soledad* (1967) de García Márquez, para el asombro y el deleite de lxs lectores y lxs escritorxs habidos de generar espacios para lo diferente.

Y como no podía ser de otro modo, en la Patagonia también hay un relato que podría entran en esta distinción. Es el libro de poemas *LOMASOMBRA* de Ariel Williams. Una comunidad como surgida en medio del desierto, en la que se mezclan coloridos cuadros, cuyos personajes parecen estar atravesados por la búsqueda de cierta neutralidad genérica.

Sobre la obra

El libro está dividido en dos partes: la primera titulada "era-era" y la segunda "nombre-nombre", quizás estas dos propuestas podrían señalar cierta finalidad de la obra: aquella que implica dejar atrás a un "Adán", como primer nombrador y significador.
En el texto "El arte como artificio", Víctor Shklovski decía que: "La automatización devora los objetos, los hábitos, los muebles, la mujer y el miedo a la guerra" (1978, p. 60), para señalar que una percepción automatizada, no-poética, produce una visión sistemática, desvitalizada, y que es sólo a través del arte como se podría generar una perspectiva nueva sobre los objetos y las situaciones.

Siguiendo esa idea, cuando abordamos esta obra, lo primero a destacar es el "extrañamiento" como un mecanismo que genera asombro y resignificación. Desde el comienzo con un título polisémico y en los poemas a partir de la creación de imágenes que muestran a los objetos diarios, construidos desde nuevos ángulos. Sabido es que desde los comienzos del pensamiento filosófico, el asombro fue uno de los motores que impulso al hombre a pensarse, a reflexionar sobre la vida y la existencia de los "otros". Entonces, podríamos pensar que el poeta busca generar una reflexión activa del lector a partir de una desestructuración y desautomatización de la captación de las cosas.

Los seres de Loma-sombra

En la sección "era-era" hay dos subcapítulos: "gente" y "unos hombres", y podríamos jugar a hacer una distribución casi algebraica que nos daría como resultado algo así: "era-era, gente" y "eran-eran, unos hombres"; como un juego poético que evoca la configuración de los seres. Los "hombres" de este texto ya no son, están en un lugar de indeterminación. Por ejemplo, en "era-era" el primer poema se llama "gente" y dice: "como pedazos de luz, de olor, de sonido,/nos entra la gente a horas intermedias/o detenidas"

A partir de lo que se podría figurar que son presencias que viven en los devenires de la memoria y aparecen por sensaciones que los llaman o, tal vez, son seres que viven en un mundo paralelo, intangible. Quizás son criaturas fantasmagóricas como crea la narrativa de Juan Rulfo. Una estética que el poeta elige de modo intencionado como tradición, puesto que al principio de su obra dice, a modo de epígrafe, *"(Cuadro de Chagall y cita de Juan Rulfo)"*. Esa es otra de las situaciones que producen extrañeza por esta condensación icónica del lenguaje.

Otros ejemplos de esa indeterminación son en "era-era", el poema "unos hombres" que dice: "y dijo que, sin embargo, / hay otros que no son hombres", y más adelante otro dice: "aunque, a veces, pienso que yo, por ahí, / soy también no-hombre". En estos ejemplos se advierte que los seres, e inclusive el yo-poético del autor se están inscribiendo en este universo. Son hombres-sin-nombre e inmateriales, y esto sugiere un estado "original" del mundo, innombrable y por esto, sólo describible y escribible, actitudes que toma el poeta para generar la visión de loma-sombra. Esta indefinición está ligada tanto a la materia como al género. Por ejemplo, en un poema dice:

> un hombre prende fuego en su patio
> y clava junto a él una carne hasta quemarla;
> otro hombre lava los platos y pone la mesa;

un tercer hombre, más joven, se calza medias finas,
largas hasta cerca de la ingle y después mira su doble
en el vidrio anochecido

Una descripción de situación en la que los parámetros de género se corren del estereotipo, tanto masculino como del femenino, que quizás podrían diferenciarse, en esa descripción, por las tareas que realizan o no. Otro, dice: *"un hombre recién casado sale a la calle después de la primera noche, llevando todavía / el aroma de su esposo"*. Abriendo la posibilidad de estar frente a una escena que habla de una pareja no-heteronormada. Hacia el final del texto las palabras que aluden a una presencia de lo femenino empiezan a aparecer, en el poema 6 de "ciudad-loma" en el que escribe: "entro en mí caminando por un pasillo embaldosado / con una mujer de ojos neutros", y en el poema que sigue, dice:

la mujer neutra me lleva al puerto entre dos lomas
-pasamos por canales simétricos, iguales, perfectos,
con un agua extraña que sube,
cerca del lago donde viven los pulmones;
el cielo es una pantalla blanca helada;

> paramos a tomar un trago en un tugurio,
> un trago quemado por el cristal en medio
> de la luz
> -recuerdo otra vez que voy a la ombra-;
> la luz traza una raya definitiva sobre la última
> sílaba del sol
> en esta zona fría donde la tierra es vidrio
> negro;
> yo soy la mujer neutra

A lo largo del libro parece que el yo-poético realiza un viaje que lo va transformando y hay una presencia muy fuerte de la necesidad de buscar algo neutral, para lo que intensifica lo femenino cuando pone como verso final "yo soy la mujer neutra". Esta una idea que podemos encontrarla dentro del propio título, si hacemos algunos cortes de significantes y jugamos con los sentidos que aparecen, y nos encontramos con: *Lo-más-ombra* y *lomas-ombra*. Del primero se puede traducir algo así como una identidad bien femenina "lo más mujer" y del segundo "curvas de mujer", como característica de lo femenino; sin olvidarnos que dice: "recuerdo otra vez que voy a la ombra" y ahí está cifrada su finalidad, su meta. Esa suerte de neutralidad dada por el juego de la palabra que cambia el género del sustantivo "hombre" por "ombra" y cuyo giro produce un nuevo significante y, consecuentemente, un nuevo significado: un sujeto que se designe por fuera de la

noción de género, por fuera de la heteronorma-
tividad.

Universo Loma-sombra

Después de haber delineado algunos aspectos de los
seres que habitan este misterioso lugar, es hora de
describir alguna de las características que lo
conforman. Entonces, considerando otro corte de
significante que juegue con el extraño nombre del
libro, se podría decir que en loma-sombra es donde
habitan aquellos seres ya descriptos. En esa tesitura,
se advierten ciertos cuadros perceptivos que
describirían a *loma-sombra* como un lugar entre
silvestre y poblado. Un espacio que bien podría
referir a alguna localidad patagónica o simular un
viaje por la Patagonia, cuya topografía se define por
amplísimos espacios despoblados y repentinamente
interrumpidos por un aglomerado de construcciones
que dan la impresión de salir de la nada. Una
geografía semejante es la que se observa en loma-
sombra.

Toda la construcción de la obra es altamente
pictórica, lo cual estaría en consonancia con el
segundo referente que toma el poeta para crear la
estética de su obra, que aparece, como ya se ha
mencionado, en el epígrafe del libro, de esta forma:
"Cuadro de Chagall".

La obra de Chagall es una mezcla del cubismo, el expresionismo ruso y el surrealismo francés, y dentro del mundo onírico que presenta encontramos una mezcla de elementos como el violín, instrumento muy importante y nombrado en la poética de *LOMASOMBRA*; al igual que gallos, caballos, hombres y mujeres volando. Es decir, los elementos de dos realidades bien contrapuestas: lo real, tangible y lo no-real, imaginable, son situaciones que presentan ambas estéticas.

Asimismo, la poética de la obra construye ese universo "loma-sombra" a partir de pequeñas epifanías. En el texto *Obra abierta*, Umberto Eco dice al respecto a la epifanía que:

> [...] en un mundo de impresiones inestables, fugaces, incoherentes: se rompe la costumbre, la vida habitual se hace vana y de ésta, más allá de ésta, quedan momentos individuales, aferrables por un instante y enseguida desvanecidos [...] después, el momento se ha desvanecido ya, pero por ese único momento la vida ha asumido un valor, una realidad, una razón. "No el fruto de la experiencia, sino la experiencia misma es el fin." Y mantener este éxtasis será "el éxito en la vida". El poeta es pues el que en un momento de gracia descubre el alma profunda de las cosas, pero es también

el que coloca este alma y la hace existir sólo a través de la palabra poética. La epifanía es pues un modo de descubrir lo real y al mismo tiempo un modo de definirlo a través del discurso (1965, 3).

En definitiva, esa mezcla de elementos mencionados que conforman un modo particular de percibir el mundo, coincidente con las imágenes propuestas por la obra de Chagall, en *LOMASOMBRA* sugieren la vivencia de realidades bellas, efímeras y únicas, como suspendidas en el tiempo.

A propósito, la temporalidad de este universo concuerda con la de la obra, pues cada página se propone como recorrido mínimo-infinito. Los "cuadros de percepción" se dilatan temporalmente como si un ojo atento se deslizara sigilosamente por los acontecimientos que suceden en este lugar y la demora del momento perceptivo es lo que los hace ilimitado.

Según explica Shklovski esa es la finalidad artística, que por medio de procedimientos como la *singularización* y el *oscurecimiento* de la forma, lograr *de-te-ner-la-mi-ra-da*, con lo que se crea una sensación y una percepción duradera y extrañada, no-prosaica (p. 60-69).

Un elemento, ya mencionado, que cumple un papel principal en la obra es el violín, cuya música acompaña la vida de los habitantes de loma-sombra y crea un ambiente melancólico y nostálgico, con *"El violín, esas cuerdas lloran de verdad"*. Sensación que profundiza sobre una especie de tristeza propia, quizás de espacio detenidos en el tiempo.

Entonces, según lo que se propone en la obra, "Loma-sombra" se propone como un espacio alterno, simultaneo a una realidad de lo cotidiano, como lo describe en el poema "ciudad-loma" así: *"el cielo tiene lugar adentro de otro instante/ que fue vivido y muerto al mismo tiempo/ por una solo persona, para siempre"*.

Retomando aquella indefinición de los seres, aquí podrían confluir la vida más allá de la "vida real" y lo cotidiano, en una superposición que no distingue coordenadas temporo-espaciales y por lo tanto se presentan como escenarios simultáneos.

Por lo que el universo "Loma-sombra" se propone como una especie de realidad paralela, cuya característica central podría ser la neutralidad, tanto en lo referente al género como a la distinción entre vivos y muertos –por decirlo de alguna forma-. En otras palabras, quizás sean todos entes que conviven e interactúan sin limitaciones espacio-temporales, en acontecimientos sutilmente percibidos, en esa fugacidad de lo epifánico que cada poema trae consigo.

Referencias bibliográficas

Eco, Humberto. *Obra abierta*. Barcelona: Editorial Seix Barral, 1965

Shklovski, Víctor. "El arte como artificio", en Tzvetzan, Todorov, *Teoría de la literatura de los formalistas rusos*. Buenos Aires: Siglo XIX, 1978.

Williams, Arial. *LOMASOMBRA*. Puerto Madryn: Edición de autor, 2003.

Hoja de ruta

Matilde Belén Escobar Negri

Becaria posdoctoral de CONICET en el Instituto de Filosofía, UNSJ. Realizó tareas de docencia en lingüística y teoría y práctica discursiva en la UNPSJB. Se desempeñó como coeditora del suplemento cultural del Diario *El Chubut*. Obtuvo el título de Doctora en Letras en la UNCuyo y ha sido Research Fellow en la UFSC, Brasil. Ha publicado artículos y capítulos de libro de crítica literaria, estudios literarios y culturales, además de diversos escritos en medios. Es autora de los libros: *dobles. Una poética poscolonial de la diferencia* y *(a)cerca del doble Una aproximación teórico-literaria al motivo del doble desde textos de Carlos Fuentes y Javier Marías* y otros títulos de esta colección como *charlas en Patagonia (con hacedores del campo cultural)* I y II. Se desempeña como editora, traductora y revisora en sellos internacionales y es autora de varios libros de creación literaria, entre los que destacan: *canto de Sycorax* y las ediciones bilingües: *gritar con un cuerpo roto/to shout with a broken body* y *luz amarilla/luz amarela*.

ISBN 978-987-86-5145-3
9 789878 651453

www.ingramcontent.com/pod-product-compliance
Lightning Source LLC
Chambersburg PA
CBHW070551160726
48003CB00005B/1993